NOTE

SUR LA

LÉGISLATION MINÉRALE

DES PAYS-BAS

PAR

M. J.-G. BOUSQUET,

Ingénieur des Arts et Manufactures.

(Extrait des ANNALES DES MINES, livraison de Janvier 1905.)

PARIS

Vve CH. DUNOD, ÉDITEUR

49, QUAI DES GRANDS-AUGUSTINS, 49

1905

NOTE

SUR LA

LÉGISLATION MINÉRALE

DES PAYS-BAS

PAR

M. J.-G. BOUSQUET,

Ingénieur des Arts et Manufactures.

(Extrait des ANNALES DES MINES, livraison de Janvier 1905.)

PARIS

Vve CH. DUNOD, ÉDITEUR

49, QUAI DES GRANDS-AUGUSTINS, 49

—

1905

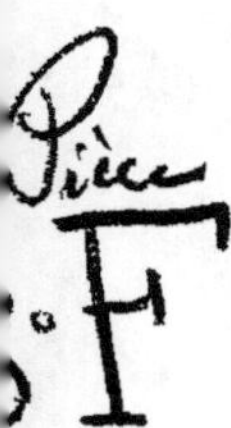

NOTE

SUR LA

LÉGISLATION MINÉRALE DES PAYS-BAS

—

Le fond de la législation minérale des Pays-Bas était encore constitué, jusque dans ces toutes dernières années, par notre loi française du 21 avril 1810, simplement modifiée en la forme par quelques lois postérieures pour tenir compte des différences d'organisation des deux pays(*). Il est vrai que le Gouvernement néerlandais comprenait et avait appliqué notre loi de 1810 d'une façon bien différente de la jurisprudence française. Notamment dans les concessions de mines de houille accordées dans le Limbourg en 1860-1861 et 1875-1879, il avait assujetti les concessionnaires à diverses clauses(**) qui auraient été considérées comme illégales et partant sans force exécutoire en Belgique et en France, notamment pour la déchéance(***) ou le cautionnement à fournir par le concessionnaire.

A la suite de la découverte, dans le Limbourg hollandais, du bassin houiller qui, ultérieurement, a été reconnu vers l'est dans le Limbourg belge, la Campine et la province d'Anvers, le Gouvernement Néerlandais a été

(*) Voir L. Aguillon, *Législation étrangère*, n° 1389 et suivant.

(**) Voir L. Aguillon, *id.*, n° 1391.

(***) La déchéance était prévue dans les concessions de 1860 et 1861, comme dans celle plus récente de 1893 pour cause d'inexploitation et comme sanction de l'inobservation de toutes les clauses de la loi ou de l'acte de concession.

amené, à la suite de motifs assez particuliers, à compléter et modifier la législation minérale antérieure par trois lois des 21 juin 1901, 24 juillet 1903 et 27 avril 1904, qui ne laissent pas d'apporter, au texte et à l'esprit de la rédaction originelle du 21 avril 1810, des modifications assez profondes. Ce sont ces modifications dont nous voudrions résumer ici la genèse un peu spéciale et les traits fondamentaux, avant de reproduire la traduction des trois lois. Sauf le développement qui a été donné dans le nouveau système à l'exploitation directe par l'État, on reconnaîtra que ce régime, en ce qui concerne la propriété même de la mine, n'est guère que l'extension régulière en la forme de celui qui avait été appliqué antérieurement par les actes de concession sous une forme à coup sûr juridiquement discutable.

I

La situation des Pays-Bas vient d'être complètement modifiée au point de vue industriel, à la suite de la découverte de ce nouveau bassin houiller que nous signalions ci-dessus. Cette transformation a eu pour conséquence un regain d'intérêt pour ce petit coin du Limbourg, où l'industrie houillère passe pour avoir eu son berceau en Europe et où le nouveau siècle verra l'installation par l'État de sièges d'extraction pourvus des plus récents perfectionnements de la science.

Jusqu'en ces dernières années il n'y avait dans le Limbourg que deux mines en exploitation : la première, Mine Domaniale, autrefois dépendante de l'abbaye de Rolduc et amodiée pour quatre-vingt-dix-neuf ans, en 1846, à une société privée ; la seconde, Neuprick-Bleyerheide, concédée par Napoléon Ier en 1808, sous l'empire de notre loi du 28 juillet 1791.

L'état des mines concédées aujourd'hui se trouve dans le tableau suivant :

DATE de la concession	NOM de la concession	SUPERFICIE hectares	NOM des compagnies	OBSERVATIONS
1893	Orange Nassau	3379	Compagnie pour l'exploitation de la houille dans le Limbourg.	Société hollandaise avec influence allemande prépondérante (*).
1879	Carl	449	Id.	Id.
1860	Willem	458	Société anonyme des Charbonnages néerlandais Willem-Sophia, à Bruxelles.	Société Belge.
1861	Sophia	649		Id.
1876	Laura	457	Société anonyme des Charbonnages réunis Laura-Vereeniging à Bruxelles.	Société Belge.
1877	Vereeniging	454		Id.
1808	Neuprick-Bleyerheide	85	Pannesheider Mijn Vereeniging.	Société hollandaise avec influence allemande prépondérante.
Domaine en 1795	Mine Domaniale	690(**)	Amodié à la Société du chemin de fer Aix-la-Chapelle Maestricht.	Société hollandaise avec influence allemande prépondérante.
1876	Ernst	575	Concession retirée en 1891, 1re exploitation d'Etat.	Lors du retrait de la concession, on convint de réserver le terrain pour l'exploitation de l'Etat, comme extension de la Mine Domaniale.
Superficie totale..............		7196		

(*) La concession Orange-Nassau est constituée par la réunion de quatre concessions, qui toutes furent retirées vers 1890, faute par le concessionnaire d'avoir versé le cautionnement exigé par l'acte de concession et dont il a été parlé ci-dessus. Voici leurs noms, avec les dates d'institution et de retrait : Prins Frederik (1878-1891), Willem III (1876-1890), Aurona (1875-1892), Orange (1876-1890), George (1876-1891).

(**) Sur 690 hectares de la Mine Domaniale, 173 se trouvent en territoire prussien : la rectification de frontière de 1816 a fait perdre aux Pays-Bas une portion de son territoire ; toutefois les droits miniers ont été conservés par les Pays-Bas, et la Mine Domaniale exploite ainsi sous le territoire prussien par des puits situés sur le territoire hollandais.

Ce ne fut qu'en 1890 que l'on commença à porter quelqu'intérêt au Limbourg, après l'avoir pendant longtemps complètement négligé, comme en témoigne l'impossibilité où se trouvaient les concessionnaires de se procurer les capitaux nécessaires pour verser le cautionnement prévu à l'acte de concession. Une nouvelle campagne de sondages fut entreprise et, vers 1898, on vit apparaître une foule de demandes en concession se basant sur les résultats de ces sondages. Ces demandes se concurrençaient mutuellement en rendant délicate la répartition équitable des concessions entre les divers demandeurs. On aurait pu s'en tirer en provoquant des réunions de demandes; la chose n'avait rien d'impossible ; les précédents établis en France dans des cas analogues sont là pour le prouver. — Mais à ce moment le Gouvernement intervint pour réserver sa part. Se basant sur les résultats des sondages prouvant à l'évidence l'existence de gisements exploitables, il se demanda si le moment n'était pas venu d'exploiter ces gisements connus depuis longtemps, alors que les concessionnaires successifs n'avaient su faire d'autre usage de leurs titres que des transferts plus ou moins fructueux. Craignant que la mise en exploitation ne fût encore indéfiniment retardée, il fit étudier la question par une Commission spéciale, nommée en 1899.

Cette Commission devait répondre aux quatre points suivants :

I. Sur quelle étendue le terrain houiller, actuellement connu dans le Limbourg, peut-il être considéré comme permettant une exploitation fructueuse?

II. Convient-il de réserver à l'État une portion de ce terrain ?

III. Quelle partie conviendrait-il de réserver à cet effet ?

IV. Quelle décision conviendrait-il d'adopter pour la répartition du reste entre les différents demandeurs?

Après une étude sur place et un voyage en Allemagne, dans le bassin rhéno-westphalien et dans celui de la Sarre, la Commission remit son rapport en 1900 ; il se terminait par les réponses suivantes :

I. La superficie sous laquelle s'étendent dans le Limbourg les couches de houille exploitables est de 14.500 hectares.

II. Il y aurait lieu de réserver une portion de ce bassin houiller pour l'exploitation par l'État.

III. Cette portion aura une étendue de 4.500 hectares, renfermant environ 820 millions de tonnes de houille se décomposant en :

227 millions de tonnes de houille maigre.
388   —   —   flambante.
183   —   —   grasse.
 22   —   —   à gaz.

IV. Le terrain restant sera réparti entre les divers demandeurs en concession en périmètres comprenant chacun 500 hectares au moins et 1.000 hectares au plus, afin de favoriser la concurrence et de susciter l'émulation.

Les principales raisons mises en avant par la Commission pour justifier l'exploitation par l'État sont les suivantes :

a) Depuis trente ans, les particuliers possesseurs d'un titre de concession n'ont guère tiré parti des facilités qui leur étaient données d'ouvrir de nouvelles exploitations.

b) La plupart des entreprises existantes sont entre les mains de sociétés ou de capitalistes étrangers ; il en est de même pour les demandes à l'instruction ;

c) Devant le peu de goût que manifestent les Hollandais pour les entreprises minières, on est en droit de craindre que les mines nouvelles restent exclusivement la propriété d'étrangers ;

d) Les demandes actuelles portent sur le chiffre global de 43.000 hectares, soit trois fois la superficie reconnue. L'institution des concessions sera donc des plus délicates.

Au sujet des avantages à retirer d'une exploitation par l'État, la Commission indiquait les points suivants :

1° L'État prussien s'est procuré des ressources importantes par l'exploitation des mines de la Sarre, soit 13 millions de marks en 1898 ;

2° L'exploitation des couches de charbons se fait depuis les temps les plus reculés à peu près par les mêmes procédés ;

3° La vente de charbons rentre dans la catégorie des actes les plus simples de la vie commerciale ;

4° L'exploitation par l'État est sans doute quelque peu plus coûteuse que celle des particuliers ; mais cette différence provient de ce que l'État, d'après la déclaration de la direction de Sarrebruck, « n'exige pas de l'ouvrier qu'il travaille jusqu'à la limite de ses forces. Il ne les épuise pas comme l'industrie privée » ;

5° Les salaires moyens sont presqu'aussi élevés ; 3,40 marks à Sarrebruck contre 3,74 marks à Dortmund, en Westphalie ;

6° L'installation complète d'une exploitation avec deux puits, les machines, les bâtiments, les galeries d'exploitation et l'assèchement des travaux ne coûtera pas à l'État plus de 4 millions à 4 millions et demi de francs ;

7° En n'admettant même que des bénéfices très réduits, on peut évaluer à environ 600.000 francs le gain futur, en tablant sur une production de 500.000 tonnes, qui peut être facilement obtenue en peu d'années ;

8° L'exploitation d'État constituera pour les autres exploitants *le modèle qu'ils auront à imiter ;* il naîtra de la concomittance de ces deux espèces d'exploitations une rivalité salutaire dont l'industrie privée tirera grand profit ;

9° Une puissante exploitation d'État sera le moyen sinon de briser, du moins d'affaiblir le pouvoir des exploitants coalisés sous la forme de syndicats, en raison des conditions plus équitables et plus acceptables présentées par l'État aux consommateurs.

Dans son rapport au Sénat de Belgique, présenté au nom des Commissions de la Justice, de l'Industrie et du Travail sur diverses propositions de loi relatives à la modification de la loi de 1810, M. Dupont, rapporteur, perdant peut-être un peu de vue l'idée de l'opposition que la Commission néerlandaise avait voulu établir entre l'exploitation par l'État et celle par les particuliers, s'exprimait ainsi au sujet des conclusions précédentes :

« Il faut bien le reconnaître, certains de ces arguments sont inexacts. Beaucoup témoignent d'illusions vraiment extraordinaires. Pour la Commission, l'exploitation par l'État est une véritable panacée, et l'on peut s'étonner, dès lors, qu'elle ait consenti à distraire les deux tiers du gisement au profit de l'industrie privée. Sa conclusion n'est pas logique. »

Le Gouvernement présenta aux Chambres, à la suite du rapport de la Commission, un projet de loi sur l'exploitation d'État, adoptant pour bases ses conclusions. La discussion parlementaire aboutit à ce résultat, contraire aux propositions gouvernementales, de réserver, par la loi de 1901, la totalité des 14.500 hectares disponibles à la constitution du domaine des mines de l'État. On indemnisa maigrement les inventeurs, refusant toute indemnité lorsque le sondage n'avait pas abouti à la découverte d'un fait nouveau, mais simplement confirmé les résultats acquis, et ne remboursant que les frais réellement dépensés dans le sondage, sans rémunération pour les services rendus, ni remboursement des frais impossibles à justifier par état.

Enfin, à ce domaine de 14.500 hectares, on ajouta les 575 de la concession Ernst, réservée depuis 1890.

Aux raisons exposées plus haut pour expliquer la détermination ainsi prise, il convient encore d'ajouter la crainte, dans certains milieux, de voir se produire, à la suite d'un brusque essor de l'industrie minière, un afflux considérable de main-d'œuvre étrangère, modifiant de la manière la plus défavorable les conditions sociales et morales de la population limbourgeoise.

II

L'État ne crut pas devoir se borner à se réserver les 14.500 hectares que lui attribue la loi du 24 juin 1901,

Il a voulu se réserver, par la loi du 24 juillet 1903, le droit de recherche dans la majeure partie de la zone où de nouvelles découvertes analogues paraissaient pouvoir être faites. On pouvait notamment s'attendre à retrouver plus au nord et vers l'est, dans le Limbourg, dans le Brabant septentrional, dans le Gueldre ou dans l'Overyssel la bordure septentrionale du bassin houiller dont la limite sud venait d'être tracée en Belgique. A partir de la date de cette nouvelle loi et pour une période de six années, les recherches sont interdites aux particuliers à l'intérieur d'un périmètre, qui comprend toutes les parties du territoire où l'on peut admettre la possibilité d'une découverte de gisements houillers ou salins.

Avec cette loi, la période de la liberté de l'activité individuelle est close ; l'esprit d'entreprise des particuliers est arrêté ; en dehors du terrain réservé à l'exploitation d'État, il ne reste plus en effet que deux étroites zones comprises, l'une entre la Meuse à l'ouest et le terrain de l'État à l'est, l'autre entre la frontière prussienne et les mines déjà concédées, dont l'exploration, entreprise avant la loi des sondages, est à peu près terminée aujourd'hui, en prouvant la continuité du nouveau bassin houiller depuis Aix-la-Chapelle jusqu'à Anvers.

III

Les demandes en concession formées sur la constatation de résultats de cette exploration sont restées jusqu'à présent sans solution.

Le Gouvernement estimait que la loi de 1810 ne lui donnait point d'armes suffisantes pour sévir contre un concessionnaire qui n'exploite pas, ou contre un concessionnaire qui n'exploite pas suivant le règlement de police des mines... Désireux avant tout, semble-t-il, de ne plus tolérer la répétition des faits qui s'étaient produits de

1860 à 1890, il présenta aux Chambres une dernière loi sur la déchéance des mines.

Cette loi établit la possibilité de la déchéance si l'exploitation n'est pas commencée ou si elle est interrompue, ainsi que dans le cas où l'exploitant ne se conforme pas aux obligations qui découlent pour lui des prescriptions légales ou des clauses de l'acte de concession. En cas de déchéance prononcée, la mine est vendue, et 25 p. 100 du produit est acquis à l'État.

Ce régime qui, au fond, ne diffère pas sensiblement de celui qu'on avait essayé d'implanter par les seuls actes de concession, ne doit, en principe, s'appliquer qu'aux concessions nouvellement constituées, ce qui diminuera la portée pratique de la loi, avec l'attribution à l'État de la majeure partie du bassin houiller reconnu.

Cette loi prévoit enfin la mise en vigueur d'un nouveau règlement général sur la police des mines.

Après une discussion très vive dans les deux Chambres, la loi a été votée et promulguée le 27 avril 1904. Le projet du Gouvernement comportait une clause de rétroactivité ; la déchéance aurait pu s'exercer à l'égard des concessions déjà existantes ; cette clause a disparu dans le texte définitif, dont la mise en vigueur est retardée jusqu'à la promulgation du décret portant règlement sur l'exploitation des mines, décret qui sera probablement prêt vers le milieu de 1905.

Ce n'est qu'après ces mesures conservatoires que le Gouvernement se prononcera sur les demandes en concession.

On verra par ce court exposé combien l'on a détourné en Hollande la loi de 1810 de sa portée primitive ; la concession dans la nouvelle loi devient un acte révocable ; de propriété, au sens de l'article 7 de la loi de 1810, il n'est plus question et, en fin de compte, il est permis de se demander si, en créant aux nouveaux concessionnaires une situation légale moins solide que sous l'empire de la loi de 1810, on ne retardera pas la mise en valeur des gisements, alors que le but déclaré du Gouvernement, en présentant le projet de loi, était d'assurer le développement de l'industrie privée à côté de la nouvelle organisation d'État.

L'exploitation d'État, organisée en 1902, a commencé ; les travaux ouverts sur l'ancienne concession Ernst (charbons maigres) comportent l'installation d'un premier siège d'extraction à deux puits de 4^m,50 de diamètre. Le fonçage de ces puits doit avoir lieu par la congélation ; les appareils frigorifiques ont. été mis en marche en juillet 1904.

PAYS-BAS.

I.

N° 170. — LOI DU 24 JUIN 1901, CONCERNANT L'EXPLOITATION, PAR L'ÉTAT, DES MINES DE HOUILLE DU LIMBOURG.

ART. 1.

L'exploitation des mines de houille dans les terrains de la province de Limbourg, qui sont indiquées en bleu sur la carte annexée à la présente loi, aura lieu par les soins de l'État.

Nous désignerons, le Conseil d'État entendu, les mines qui seront successivement mises en exploitation.

Par l'effet de cette désignation, l'État acquerra la propriété de la mine, comme s'il était institué une concession pour l'exploitation aux termes de la loi du 21 avril 1810 (*Bulletin des Lois*, n° 285).

ART. 2.

Les terrains visés à l'article 1 sont délimités comme il suit :
(*Ici se place une délimitation sans intérêt au point de vue des principes.*)

Art. 3.

Il sera accordé une indemnité, sur les fonds du Trésor, pour les sondages exécutés sur les terrains visés par l'article 1, et qui ont montré l'existence de couches de houille ; le montant de cette indemnité correspondra aux dépenses entraînées par de tels sondages en général.

Art. 4.

Celui qui estime avoir des droits à une indemnité prévue à l'article 3 doit, pour l'obtenir, s'adresser, dans le délai d'une année à dater de la mise en vigueur de la présente loi, à notre Ministre du Waterstaat, du Commerce et de l'Industrie, en fournissant les pièces établissant ses droits ; notre ministre lui fera savoir, dans le délai de six mois, s'il admet sa demande et pour quel montant.

Si l'intéressé n'a point reçu, dans les six mois à dater de la réponse de notre Ministre, le payement du montant de sa demande, il lui est loisible de faire valoir ses droits en justice, dans les six mois qui suivent.

Art. 5.

Les propriétaires de la surface d'une mine désignée conformément à l'alinéa 2 de l'article 1 ont droit à un versement, par la caisse du Trésor, de 12 florins 50 par hectare.

Art. 6.

Celui qui estime avoir droit au versement indiqué à l'article 5 doit, pour l'obtenir, s'adresser, dans le délai d'un an à dater du décret royal de désignation, à notre Ministre du Waterstaat, du Commerce et de l'Industrie, en fournissant les pièces à l'appui de son droit ; notre Ministre lui fera savoir, dans les six mois à dater de l'expiration du délai précédent, s'il admet sa demande, et pour quel montant.

Si l'intéressé n'a point reçu, dans les six mois à dater de la réponse de notre Ministre, le payement du montant de sa demande, il lui est loisible de faire valoir ses droits en justice, dans les six mois qui suivent.

ART. 7.

La loi du 21 avril 1810 est applicable à l'exploitation des mines de houille par l'État, à l'exception des dispositions relatives aux redevances publiques et à la police des mines, ainsi qu'à l'exception de celles qui portent sur des sujets réglés par la présente loi.

L'établissement du service des mines est réglé par nous, le Conseil d'État entendu.

II

LOI DU 24 JUILLET 1903, CONCERNANT LA RECHERCHE PAR L'ÉTAT DES SUBSTANCES MINÉRALES.

ART. 1.

Les parties des provinces du Limbourg, du Brabant septentrional, de la Gueldre et d'Overyssel délimitées comme suit :

A l'est : par la frontière du Royaume, depuis le poteau n° 132 près de Gramsbergen, vers le sud jusqu'au poteau n° 312 près de Slel (commune d'Echt);

Au sud : depuis le poteau n° 312 par une ligne droite jusqu'au poteau n° 126, de là par une ligne droite jusqu'au poteau n° 127 (commune de Stevensweert) et ensuite par la frontière, vers l'ouest jusqu'au poteau n° 211 près de Nieuwkerk;

A l'ouest et au nord : par une ligne droite depuis le dernier poteau désigné jusqu'au point de croisement de la frontière de la province d'Overyssel avec l'axe du pont de chemin de fer sur l'Yssel près de Lippenbuurt et par une ligne droite depuis ce dernier point jusqu'au poteau frontière n° 212 désigné plus haut;

Sont réservées pour la recherche par l'État des substances minérales, pendant une période de six années, à dater de la mise en vigueur de la présente loi.

ART. 2.

Il est interdit à tout autre qu'à l'État, au cours de la période indiquée à l'article précédent, de rechercher des substances minérales à l'intérieur du périmètre défini dans ce même article, à moins d'en avoir obtenu la permission de notre Ministre du Waterstaat, du Commerce et de l'Industrie, permission qui d'ailleurs ne pourra pas être accordée pour la recherche de la houille, du lignite, du sel gemme et des sels potassiques.

Art. 3.

L'interdiction contenue dans l'article précédent n'est pas applicable aux recherches de substances minérales effectuées après la publication de la présente loi comme continuation sur le terrain de travaux mis en train avant le 1er janvier 1903, à la condition toutefois qu'il en soit donné connaissance à notre Ministre ci-dessus désigné, dans le délai d'un mois à dater de la mise en vigueur de la présente loi, par celui ou ceux pour le compte duquel ou desquels les recherches sont exécutées, et en désignant exactement le lieu où se font les recherches et la date à laquelle elles ont commencé.

Art. 4.

Les infractions à l'article 2 de la présente loi sont punies d'un emprisonnement de 6 mois au plus ou d'une amende de 300 florins au plus.

Les faits punissables visés par le présent article sont considérés comme des contraventions.

III

LOI DU 27 AVRIL 1904, SUR L'EXPLOITATION DES MINES,
MODIFIANT LA LOI DU 21 AVRIL 1810.

Art. 1.

1. — Le détenteur d'une concession (*) délivrée aux termes de l'article 5 de la loi du 21 avril 1810, peut être déclaré par Nous en déchéance, pour des raisons d'intérêt général, si, après avoir été mis en demeure, par exploit d'huissier, à la requête de notre Ministre du Waterstaat, du Commerce et de l'Industrie :

a) Soit de commencer, de continuer ou de reprendre l'exploitation de la mine concédée ;

b) Soit de se conformer aux prescriptions relatives à l'exploitation édictées par des dispositions légales ou imposées par l'acte de concession ;

(*) Le texte hollandais porte « concessiehouder »; on a voulu éviter le mot propriétaire.

Il n'a pas satisfait à cette mise en demeure dans le délai indiqué par l'exploit, délai qui sera d'un an au moins à partir de la date dudit exploit.

2. — La mise en demeure prévue au paragraphe précédent sera publiée au *Journal officiel* ainsi que dans un journal de la commune ou des communes où se trouve la concession, et, à défaut d'un tel journal, dans celui d'une localité voisine.

ART. 2.

1. — Si le détenteur d'une concession n'a pas satisfait convenablement à la mise en demeure de l'article 1 dans le délai fixé par l'exploit, il est déclaré en défaut par exploit d'huissier par les soins de notre Ministre désigné ci-dessus, et ce dernier en donne connaissance aux États Députés de la province où se trouve la mine.

2. — Les États Députés nomment une commission de membres de leur collège, chargée de recevoir les observations du détenteur de la concession ou de ses ayants-droit contre la déclaration prévue au paragraphe précédent. Le concessionnaire est informé par écrit du jour et de l'heure de sa convocation, dans le délai de deux mois au plus à partir de la date de l'exploit prévue au paragraphe précédent. Il y aura au moins un mois d'intervalle entre la notification de la convocation à l'intéressé et la date de cette convocation.

3. — La Commission dresse procès-verbal des observations produites par l'intéressé et l'envoie au Ministre avec l'avis des États Députés sur la déclaration de déchéance.

4. — Nous décidons, la section des différends administratifs du Conseil d'État entendue, si le cas présenté tombe sous le coup des dispositions de l'article 1.

5. — Si le détenteur d'une concession, ou ses successeurs légaux, ne fait pas usage de la faculté qui lui est laissée de présenter ses observations, comme il est dit au paragraphe 2 du présent article, les États Députés en donnent connaissance au Ministre en lui envoyant leur avis sur la déclaration de déchéance.

6. — Nous décidons ensuite, le Conseil d'État entendu, comme au paragraphe 4.

ART. 3.

1. — Le décret royal de déchéance est publié au *Journal officiel.*

2. — Par dérogation à l'article 7 de la loi du 21 avril 1810, il sera ensuite procédé à la vente publique de la mine.

3. — Le décret royal de déchéance sera, à cet effet, signifié par exploit d'huissier au détenteur de la concession, sur la requête de notre Ministre sus-désigné, en ajoutant qu'en exécution de la mise en déchéance prononcée contre lui, il sera procédé, par les soins de l'État, à la vente légale de la mine et de tout ce qui constitue avec elle immeuble par destination, à la surface comme sous le sol, et en indiquant :

a) La superficie et les limites de la mine comme elles sont portées sur l'acte de concession ; la nature des biens faisant partie de l'immeuble minier et, pour autant que ceux-ci se trouvent à la surface, leur emplacement d'après le plan cadastral, ainsi que pour les biens fonciers, s'il y en a, leur superficie, si possible ;

b) Le tribunal devant lequel la vente aura lieu ;

c) L'élection de domicile chez un procureur auprès dudit tribunal.

Art. 4.

1. — L'exploit signifié par huissier a portée de saisie exécutoire.

2. — Cet exploit sera enregistré suivant les formalités prescrites par l'article 505 du Code civil et aura les suites prévues par cet article.

Art. 5.

1. — La vente aura lieu devant le Tribunal de l'arrondissement où la mine se trouve située.

2. — Si la mine se trouve située, par les limites indiquées dans l'acte de concession, sur plus d'un arrondissement, la vente aura lieu devant le Tribunal dans le ressort duquel se trouve la plus grande partie de la mine.

Art. 6.

1. — La vente judiciaire prévue à l'article 3 se fera conformément aux dispositions des articles 505 et suivants du livre II, titre III du Code civil, à l'exception des articles 513, 528, 537 j. et 544 à 550 ; l'État agissant comme créancier ou exécuteur et le détenteur de la concession comme la partie saisie. Les disposi-

tions de l'article 562 du Code civil, relatives à la restitution de l'excédent du produit de la vente au débiteur après payement des frais et de la dette seront applicables à l'exécuté, même s'il n'a point de dette à acquitter, à la réserve cependant que 25 0/0 de l'excédent revient à l'État.

ART. 7.

1. — Si la vente a pour résultat l'adjudication à l'État, la concession peut être retirée par Nous, en dérogation à l'article 7 de la loi du 21 avril 1810.

ART. 8.

1. — Lorsque le détenteur d'une concession, visé par l'article 1, Nous demande à être relevé des droits et obligations découlant de l'acte de concession, notre Ministre susnommé peut être autorisé par Nous à procéder à la vente judiciaire prévue à l'article 3, par suite de cette demande.

2. — Le décret donnant l'autorisation prévue au paragraphe précédent prend la place du décret de déchéance.

ART. 9.

1. — Un règlement général d'administration publique édictera les prescriptions relatives :

a) A la sécurité des exploitations, la sécurité et l'hygiène des travailleurs et des animaux dans la mine et les chantiers ou installations faisant partie de l'exploitation de la mine, à la surface comme au fond, et concernant :

Le mode d'exploitation et d'abatage, le levé des plans, la tenue des registres, la circulation sur les terrains à la surface ;

L'accès des travaux souterrains, la construction des puits et la circulation dans les puits ;

La circulation dans les travaux souterrains ;

L'éclairage, l'aérage et les mesures nécessaires pour réaliser une température supportable et se débarrasser des vapeurs, gaz et autres éléments nuisibles ;

L'installation de vestiaires, de bains, de salles de repos et de lieux d'aisances ;

La distribution des eaux potables ;

Les mesures à prendre pour éviter les incendies et les explosions et pour éviter les accidents par machines ou parties de machines, transmissions, outils, conducteurs électriques, par chute et par chute d'objets ;

Le transport, l'emmagasinage et l'emploi des substances explosives ;

Les mesures à prendre en cas d'accidents et pour prévenir les accidents ;

b) Au travail de tout ou partie du personnel de la mine, dans tous les chantiers ou ateliers à la surface comme au fond, et concernant :

Le travail des femmes et des enfants ;

La durée du travail ;

Les heures du commencement et de la fin du travail journalier ;

Les repos ;

Le travail au jour hebdomadaire du repos et aux jours qui lui sont assimilés ;

c) A la surveillance nécessitée pour assurer la mise en vigueur des prescriptions des paragraphes *a)* et *b)* précédents.

2. — Le présent article sera revisé dans les cinq ans à dater de la mise en vigueur de la présente loi, par un projet de loi présenté aux États Généraux.

Art. 10.

La loi sur le Travail et la loi sur la Sécurité du Travail ne sont pas applicables aux travaux et ateliers appartenant à une exploitation minière.

Art. 11.

1. — Les infractions à une disposition réglementaire prise en vertu de l'article 9 de la présente loi et à l'article 5 de la loi du 21 avril 1810 sont punies d'une détention de six mois au plus ou d'une amende de 300 florins au maximum.

2. — Les faits punissables désignés dans cet article sont considérés comme des contraventions.

3. — Les fonctionnaires désignés à cet effet par le règlement général prévu par l'article 9 sont seuls chargés du soin de rechercher les faits punissables en vertu de la présente loi.

Art. 12.

1. — Les fonctionnaires chargés, aux termes du règlement général prévu à l'article 9, de la surveillance des mines et de la

recherche des faits punissables en vertu de la présente loi, ont accès dans les mines et toutes les installations annexes de l'exploitation d'une mine, à la surface comme au fond, et ont le droit d'exiger pour leur usage l'emploi des appareils servant au transport du personnel pour accéder aux travaux souterrains.

2. — Les lieux d'habitation ou ceux où l'on ne peut pénétrer qu'en traversant une habitation ne sont accessibles aux fonctionnaires désignés ci-dessus que sur le vu d'une réquisition écrite, générale ou spéciale, signée du maire ou du juge de paix et en présence du juge de paix, du maire ou d'un échevin de la commune ou du commissaire de police.

3. — Procès-verbal sera dressé de cette pénétration dans les lieux privés et des raisons qui l'ont rendu nécessaire par le fonctionnaire qui l'aura exécutée et une copie en sera communiquée dans les quarante-huit heures aux habitants dont la demeure aura été ainsi violée.

4. — La réquisition prévue au paragraphe 2 porte la durée de sa validité et ne peut être exécutée entre le coucher et le lever du soleil, à moins qu'elle ne porte que son exécution peut avoir lieu à tout instant. Cette dernière disposition doit faire l'objet d'une réquisition spéciale.

ART. 13.

Les articles 47, 48, 49 et 50 de la loi du 21 avril 1810 sont abrogés.

ART. 14.

La présente loi est applicable aux concessions instituées avant son entrée en vigueur, à l'exception des articles 1 à 8 inclusivement.

ART. 15.

1. — La présente loi entrera en vigueur à une époque que Nous fixerons ultérieurement.

2. — Elle peut s'intituler « Loi des Mines de 1903 », en rappelant le numéro du *Journal officiel* dans lequel elle est placée.

Tours. — Imprimerie Deslis Frères.

TOURS

IMPRIMERIE DESLIS FRÈRES

6, rue Gambetta, 6